Supera la alimentación emocional y detén los antojos

Comprende las causas de los atracones, combate con éxito los trastornos alimentarios y encuentra tu peso personal deseado

Mario Waldecker

CONTENIDO

Qué puedes esperar de este libro

Comer y emociones: quizá te preguntes cuál es la conexión. Puede que no resulte evidente para todo el mundo, pero para muchas personas las emociones están estrechamente relacionadas con su conducta alimentaria. Ya sea consciente o inconscientemente, comer emocionalmente con regularidad suele provocar un alto nivel de sufrimiento a las personas afectadas. La alimentación emocional suele manifestarse en forma de frustración o estrés alimentario; en otras palabras, comer es una forma de compensar un sentimiento negativo. Esto puede provocar un fuerte aumento de peso y trastornos alimentarios, por lo que no hay que subestimar la alimentación emocional.

¿Has observado signos de alimentación emocional en ti o en un familiar? Entonces has venido al lugar adecuado. Esta guía pretende informarte y educarte sobre el tema de la alimentación emocional, porque la concienciación es esencial para el cambio. También aprenderás lo que puedes hacer desde casa si te afecta la alimentación emocional y quieres cambiar tu conducta alimentaria. Aprenderás a comprender las conexiones entre tu cuerpo y tu psique y adquirirás una nueva perspectiva sobre tus hábitos alimentarios. Tanto si te afecta a ti como a un familiar, tanto si sufres atracones incontrolables como si tiendes a comer demasiado poco, aquí aprenderás a evaluar y tratar tu comportamiento alimentario. Así que sigue leyendo y da el primer paso hacia el cambio.

¿Qué es la alimentación emocional?

UNA EXPLICACIÓN

Comida y emociones: dos términos que en principio parecen no tener nada que ver, pero para muchas personas estas cosas supuestamente sin relación están estrechamente entrelazadas. Tristeza, estrés, ira: a menudo nos enfrentamos a estas emociones negativas en nuestras vidas y muchas personas recurren regularmente a la alimentación emocional para controlarlas mejor. En parte conscientemente y en parte automáticamente por un hábito profundamente arraigado, intentamos mejorar nuestro estado emocional comiendo.

Una discusión con tu pareja y te consuelas con una tableta de chocolate, un día estresante en el trabajo con compañeros antipáticos y una pizza por la noche para compensar. ¿Quién no ha experimentado esto?

Por lo tanto, comer emocionalmente significa compensar una emoción negativa comiendo alimentos. Las personas buscan ayuda y consuelo en la ingesta de alimentos, de modo que comer se convierte en una forma de autoterapia. En este caso, la comida no sirve exclusivamente como suministro de energía para el cuerpo, sino como estimulante emocional. Sin embargo, la alimentación emocional no sólo se refiere al fenómeno de la llamada *alimentación de frustración*, es decir, según el principio *"me siento mal, así que al menos me gustaría comer algo sabroso como consuelo"*, sino que las emociones y la comida también pueden estar vinculadas positivamente. En este caso, sabes que *cuando como tal o cual alimento, me siento bien*. A menudo, la alimentación emocional se produce con total independencia de la sensación real de hambre o saciedad, de modo que se consumen alimentos aunque el cuerpo esté realmente suficientemente abastecido de nutrientes para ese momento. Por tanto, las señales naturales del cuerpo se ignoran deliberadamente o simplemente no se reconocen y se altera el ritmo biológico. En la mayoría de los casos, se consumen alimentos especialmente calóricos en forma de tentempiés entre las comidas principales. Esto se debe a que la elevada densidad energética de estos alimentos provoca un sabor muy intenso en la boca. Este estímulo enmascara la sensación desagradable durante un tiempo y te hace sentir mejor. Éste es uno de los principales factores del efecto estimulante del chocolate en momentos de estrés.

Todavía no existe una definición oficial de alimentación emocional y el fenómeno no está reconocido como cuadro clínico de un trastorno mental. Sin embargo, la alimentación emocional puede poner en peligro la salud física y mental. En casos extremos, puede provocar un aumento de peso grave y trastornos alimentarios.

¿CÓMO SE PRODUJO EL FENÓMENO?

Muchas personas compensan un desequilibrio emocional comiendo. Esto se debe a que la mayoría de la gente asocia la comida con algo positivo y gratificante. Los orígenes de esto se remontan muy atrás y empiezan en la infancia. Cuando un bebé llora, viene al pecho y se le alimenta. Al mismo tiempo, se le coge cariñosamente en brazos y así también recibe cercanía física. Esta interacción provoca una sensación de confort y seguridad, que hace que nuestro cuerpo libere hormonas de la felicidad. Además, la leche materna ya contiene polisacáridos.

Por eso, incluso los bebés asocian el sabor dulce y azucarado con algo agradable. Ésta es la primera asociación positiva con la comida. Además, a menudo se recompensa a los niños con un dulce o se les castiga por no comer un determinado alimento. Por ejemplo, a muchos niños se les da una piruleta por portarse especialmente bien o sólo se les da un postre cuando han terminado su plato.

Otra pauta clásica es que los padres calman a su hijo a corto plazo dándole algo de comer. A la inversa, a los niños no se les da postre si han hecho algo mal o no han terminado de comer. Por tanto, nuestro comportamiento alimentario está moldeado por una multitud de experiencias de aprendizaje que varían individualmente, y suele tener raíces profundas en nuestro subconsciente. Aunque los patrones individuales de pensamiento y los procesos de aprendizaje difieren de una persona a otra, tienen un factor en común: la conexión entre la emoción y la comida.

La ingesta de alimentos en el contexto de determinados sentimientos no es un concepto nuevo. Ya a principios del siglo XX, el tema de la alimentación emocional se trató de forma demostrable en la literatura científica y psiquiátrica. El estrés siempre ha parecido ser el desencadenante número uno para comer contra la sensación de hambre. En la sociedad actual, estar estresado suele tener una connotación negativa. Sin embargo, la sensación de estrés como tal es un mecanismo que se ha desarrollado a lo largo de la evolución y que era esencial para la supervivencia. Cuando estamos estresados, se libera cortisol, la hormona del estrés. Esto hace que se bloqueen las zonas del cerebro responsables del comportamiento consciente. Como resultado, el tronco encefálico, que actúa de forma impulsiva e instintiva, actúa en primer lugar. Por ejemplo, el instinto reflejo de huida no estaba bloqueado por pensamientos deliberados y lentos, y podíamos ponernos a salvo más rápidamente de un peligro, como un animal o un atacante. Por tanto, el estrés ha garantizado nuestra supervivencia.

Aunque hoy en día ya no nos cazan animales salvajes, seguimos experimentando estrés, sólo que de forma diferente. Las situaciones estresantes pueden desencadenarse por la presión del tiempo, la presión para rendir o los problemas de pareja, por ejemplo. Los desencadenantes de la sensación de estrés han cambiado, pero no el efecto que el estrés tiene en nosotros, los humanos. Algunas partes del cerebro siguen bloqueadas y el tronco encefálico sigue teniendo la sartén por el mango, por lo que tendemos a actuar por instinto cuando estamos estresados. Además, el bloqueo de las zonas correspondientes del cerebro provoca una reducción de la capacidad de percibir determinadas sensaciones, como el hambre y la saciedad. Así que si estás estresado, automáticamente actúas más por instinto y entonces recurres a la alimentación emocional sin pensarlo mucho para supuestamente sentirte mejor. Teniendo esto en cuenta, solemos comer más tentempiés ricos en calorías como patatas fritas, chocolate o gominolas durante la fase de exámenes, por ejemplo. Otro ejemplo es la breve pausa para comer, intercalada entre dos citas, durante la cual comes una hamburguesa grasienta o comida para llevar similar porque estás demasiado estresado para almorzar de forma saludable. En estos casos, no comes únicamente o en absoluto porque sientas hambre, sino porque tu cuerpo está dando señales de peligro y quiere sobrevivir a la situación amenazadora.

Otro aspecto es comer por aburrimiento. Aunque en este caso no experimentas directamente una emoción negativa como el miedo, la frustración o la ira, la sensación de aburrimiento también puede provocar una especie de estrés. Junto con el aburrimiento, muchas personas sienten un cierto vacío en su interior. Este sentimiento suele tener connotaciones negativas, por lo que la gente quiere llenar este vacío. En este contexto, la gente suele recurrir a comer.

ANTECEDENTES DE LA CONDUCTA ALIMENTARIA EMOCIONAL

El hambre física puede satisfacerse con la ingesta de alimentos, pero no el hambre "emocional" que subyace a la alimentación emocional. Comer emocionalmente sirve como una especie de satisfacción sustitutiva y estrategia de compensación. Un problema subyacente hace que te sientas estresado, pero eres reacio a analizar el problema real. Así que recurres a una solución a corto plazo e intentas sentirte mejor a nivel emocional comiendo. La emoción negativa que surge no se expresa, sino que se "traga", ya que la persona tiene miedo de enfrentarse a la cuestión generalmente difícil. Este proceso suele tener lugar a nivel inconsciente.

"Me daba miedo porque sabía que había una zona en la que supuestamente había guardado de forma segura todo lo que no quería sentir", dice Sigrid Lewandowski, que luchó durante años contra la obesidad y los atracones. Confirma que la comida le servía como una especie de medicación cuando se sentía mal. "Comía para embotarme, para no tener que sentir", dice Lewandowski. "Me había puesto una coraza protectora, no quería que nadie se me acercara demasiado [...]".

María Sánchez es profesional no médica de la psicoterapia y se ocupa específicamente del tema de la alimentación emocional y los trastornos alimentarios. "Las causas de las emociones subyacentes yacen latentes en lo más profundo de nuestra biografía", explica. Las carencias emocionales de los afectados suelen surgir en la infancia y también se alimentan con comida a una edad muy temprana. Así, este patrón de comer compulsivamente para adormecer las emociones desagradables se establece a una edad muy temprana.

Estos patrones de pensamiento profundamente arraigados suelen llevar a los afectados a encontrarse en una especie de círculo vicioso del que parece no haber escapatoria y, como resultado, se aprenden una y otra vez nuevos patrones de pensamiento negativos relacionados con la comida. Muchas personas que sufren atracones recurrentes ganan peso con el tiempo y luego intentan deshacerse de ese peso con la ayuda de diversas dietas. Esto va acompañado del patrón de pensamiento "*Para estar delgado y adelgazar, tengo que tenerme bajo control*". Como en este caso la alimentación emocional va acompañada de atracones incontrolados, aquí es donde surge la primera contradicción y la lucha contra uno mismo. Debido a las emociones negativas, se ingieren alimentos hipercalóricos contra la sensación de hambre y fuera de las comidas habituales. Posteriormente, la persona afectada se acusa a sí misma de haber cedido a los antojos y de no tener suficiente disciplina. Esta autocrítica negativa perjudica a largo plazo la confianza en uno mismo y la autoestima, y se suma a las emociones negativas ya presentes. Como resultado, la persona afectada tiende a compensar la frustración y el estrés con comida. La mayoría de los afectados describen este proceso cuando hablan de su experiencia con la alimentación emocional.

Diversos patrones de pensamiento hacen que parezca casi imposible cambiar la relación con la comida y, por tanto, controlar la conducta alimentaria. Por ello, los afectados suelen tener la impresión de que han perdido el control.

ALIMENTACIÓN EMOCIONAL EN NIÑOS Y ADOLESCENTES

Según un estudio de la Universidad de Michigan, la alimentación emocional comienza a veces ya a los cuatro años. La alimentación relacionada con el estrés a una edad tan temprana favorece los trastornos alimentarios y la obesidad en etapas posteriores de la vida. El estudio demostró que comer sin hambre también está directamente relacionado con el aumento de los niveles de estrés en los niños. Este estrés se presenta en forma de un entorno familiar caótico y experiencias negativas como la violencia o la pobreza, que provocan traumas en la primera infancia. Como parte del estudio, los investigadores encuestaron a unos 200 niños de familias menos acomodadas entre 2009 y 2015. Analizaron los niveles de estrés y los hábitos alimentarios de los niños.

Los resultados mostraron que los niños de entornos con bajos ingresos tienen más probabilidades de sufrir violencia en su entorno inmediato o falta de alimentos. Se ha demostrado que estos aspectos repercuten en la salud y el comportamiento de los niños, incluidos sus hábitos alimentarios. "Los niños que sufrían más estrés también comían más sin sentir hambre cuando tenían sentimientos fuertes, según informaron sus padres", dijo Alison Miller, profesora de la Universidad de Michigan. "Es importante reconocer si los niños pequeños comen para hacer frente al estrés". Por tanto, es esencial que los padres distingan si su hijo come por sensación de hambre o como método de compensación. Miller subraya que los pediatras deben prestar especial atención a esto durante las revisiones y hablar también de temas como la nutrición y los recursos económicos.

No todos los niños que muestran un comportamiento alimentario emocional han sufrido automáticamente experiencias negativas en el entorno familiar. Muchos adolescentes con trastornos alimentarios proceden de familias protegidas y económicamente estables, y las causas de su comportamiento alimentario no siempre pueden explicarse. Sin embargo, hay algunas cosas a las que tú, como padre o tutor, puedes prestar atención desde una edad temprana para prevenir la alimentación emocional. Una dieta equilibrada y sana es esencial. En particular, debe controlarse el azúcar. Por supuesto, es legítimo dar dulces a tu hijo de vez en cuando, pero presta atención a las condiciones en que lo haces. Evita utilizar productos alimenticios para calmar o consolar a tu hijo. Esto reforzará el patrón de pensamiento *"Si como, me siento mejor"* desde una edad temprana y el niño será más propenso a comportamientos alimentarios emocionales más adelante.

Si tú mismo padeces alimentación emocional o un comportamiento alimentario llamativo, intenta no mostrárselo a tu hijo. Busca ayuda a tiempo para controlar el problema. Como padres, tenéis automáticamente una importante función de modelo para vuestros hijos. Si los niños observan a una edad temprana que uno de sus padres presta mucha atención a la comida y al peso, es muy probable que esto se traslade al niño. En cualquier situación, transmite a tu hijo la sensación de que está bien ser como es. Incluso si ya observas un comportamiento alimentario llamativo, que puede ir acompañado de un aumento de peso, no culpes a tu hijo. Incluso con niños pequeños, habla con ellos y averigua cómo puedes ayudarles mejor.

En casos extremos, si sospechas que tu hijo sufre un trastorno alimentario o temes que su salud esté en peligro, debes buscar ayuda profesional. Es importante recordar que, como padres, no lo sabéis todo sobre vuestro hijo y no podéis controlarlo todo. Así que absteneos de repartir culpas y no busquéis obsesivamente la culpa en vosotros mismos. Muchos niños y adolescentes ocultan deliberadamente cosas a su familia y amigos en relación con la alimentación emocional.

Especialmente en la adolescencia, cuando el niño va al colegio y se reúne regularmente con sus amigos, es muy difícil para los padres o tutores hacer un seguimiento del comportamiento alimentario de su hijo. Así que no te culpes, sino concéntrate en ayudar y apoyar a tu hijo.

Trastornos alimen-tarios como consecuencia de la alimentación emocional

¿Tienes la impresión de que tu vida sólo gira en torno a la comida y que la ingesta de alimentos determina tu vida cotidiana? ¿Notas que regularmente intentas compensar las emociones negativas con comida? Si pensar en la comida y las calorías se convierte en una compañía constante e influye en tu vida cotidiana, la alimentación emocional puede convertirse en un trastorno alimentario.

Un trastorno alimentario es una enfermedad mental en la que se altera la relación de una persona con la comida y con su propio cuerpo. Existen varias formas de trastornos alimentarios, pero en más de la mitad de los casos se presentan de forma mixta. En algunos casos, puede existir cierta tendencia a desarrollar un trastorno alimentario debido a una susceptibilidad general a los trastornos mentales. Esto se debe, por ejemplo, a la presencia de enfermedades mentales en la familia, a experiencias de abusos sexuales, a otros traumas o a una imagen negativa de uno mismo y al sobrepeso en la infancia.

Hay que tener en cuenta que no todas las personas que comen en exceso o pierden peso con la ayuda de una dieta padecen un trastorno alimentario. No toda persona con síntomas de conducta alimentaria desordenada padece automáticamente un trastorno alimentario. Sin embargo, el comportamiento conspicuo en relación con la alimentación, posiblemente con la adición de otros factores, puede ser la base de un trastorno alimentario. La transición de la conducta alimentaria conspicua y la alimentación emocional a la conducta alimentaria patológica suele ser muy gradual y difícil de advertir para los afectados. Así pues, si notas que algo va mal en tu conducta alimentaria y estás invirtiendo una cantidad desproporcionada de energía en controlar tus hábitos alimentarios, contéstate a las doce preguntas siguientes. Cuantas más preguntas respondas afirmativamente, más probable es que padezcas un trastorno alimentario.

Esto no pretende sustituir a un diagnóstico profesional, sino simplemente ser una herramienta que te ayude a abordar el tema por ti mismo.

1. ¿Tienes la impresión de que tus pensamientos giran constantemente en torno a la comida?

2. ¿Influyen estos pensamientos en tu vida cotidiana y en tu rutina diaria?

3. ¿Comparas a menudo tu aspecto y tu cuerpo con los de los demás?

4. ¿Compruebas tu peso a menudo?

5. ¿Cuentas las calorías?

6. ¿Te avergüenzas de tu comportamiento alimentario?

7. ¿Sufres atracones recurrentes?

8. ¿Te aíslas de tus contactos sociales?

9. ¿Llevas un registro de lo que comes y cuándo, y de cuántas calorías consumes?

10. ¿Notas rasgos depresivos en ti?

11. ¿Notas alguna relación entre tu estado de ánimo y la cantidad de comida que ingieres?

12. ¿Sientes a veces la necesidad de vomitar después de comer?

Si ahora sospechas que realmente padeces un trastorno alimentario, debes buscar ayuda. Muchas personas subestiman la prevalencia de los trastornos alimentarios y se sienten solas con el problema. Por cada 1.000 personas, alrededor de 30 a 50 padecen un trastorno alimentario, aunque éste es sólo el número de casos diagnosticados oficialmente, por lo que el número de casos no declarados es probablemente mucho mayor. Así que no estás en absoluto sola con tu problema, al contrario. Debido a su amplia prevalencia, ahora existen numerosas formas de buscar ayuda.

Si no te sientes capaz de confiar en un familiar, un grupo de autoayuda adecuado es una buena alternativa. Hay grupos de autoayuda especializados en trastornos alimentarios concretos, como la bulimia o el trastorno por atracón, o grupos que tratan el tema de los trastornos de la conducta alimentaria en general. También hay grupos para familiares, ya que también puede ser difícil y doloroso para ellos cuando un ser querido padece un trastorno alimentario. La principal ventaja de un grupo de autoayuda es el anonimato. Muchos enfermos se sienten demasiado cohibidos para abordar el tema con una persona de confianza, como amigos, familiares o incluso su médico de cabecera. En un grupo de autoayuda, conocerás a personas que están en tu misma situación o en una similar. En estas condiciones, suele ser más fácil hablar abiertamente del tema y dejar de lado cualquier sentimiento de vergüenza. Sin embargo, es importante subrayar que, aunque las visitas regulares a un grupo de autoayuda pueden ser una gran ayuda adicional para los pacientes antes, durante y después de la terapia, no sustituyen a ésta.

Si sufres un trastorno alimentario agudo, tu salud mental y física está en peligro, por lo que siempre debes buscar ayuda profesional. Una vez que la alimentación emocional ha progresado hasta la fase de trastorno alimentario, rara vez es posible que los afectados aborden el problema por sí solos. Existen numerosas formas de terapia para controlar los trastornos alimentarios. Lo mejor es empezar por ponerte en contacto con tu médico de cabecera, que te remitirá a un especialista. Con este especialista, podrás personalizar la terapia a tu medida.

ATRACÓN Y BULIMIA

Si la alimentación emocional se presenta en forma de atracones regulares, en los que se consumen enormes cantidades de comida en poco tiempo, se habla de trastorno por atracón. Atracón es un término inglés que significa comer en exceso. Esto significa que los afectados son adictos a la comida y sólo dejan de comer compulsivamente cuando les duele el estómago o se sienten mal.

Los afectados tienen la sensación de que ya no pueden dejar de comer y han perdido el control sobre qué y cuánto comen. Si la comida ingerida se libera de nuevo tras el atracón induciendo artificialmente el vómito, esto se conoce como bulimia, o trastorno por atracón. Los bulímicos también intentan compensar el consumo excesivo de calorías tomando medicamentos o haciendo ejercicio en exceso.

Esto no suele ocurrir con los que padecen atracones. Aparte de esto, sin embargo, los síntomas de los atracones y la bulimia son similares. Los atracones son todavía una enfermedad muy joven. Los atracones se reconocen como trastorno mental desde 1994 y son el trastorno alimentario más frecuente. La bulimia, por otra parte, está reconocida como trastorno alimentario y, por tanto, como trastorno mental, desde principios de los años ochenta. Los atracones excesivos suelen ir acompañados de un sentimiento de vergüenza y culpa, por lo que muchas personas que padecen el trastorno por atracón se sienten asqueadas de sí mismas después de sus atracones.

El comportamiento alimentario entre los ataques varía de un caso a otro. Algunas personas tienden a comer en exceso incluso entonces y otras intentan regular su comportamiento alimentario entre los ataques con ayuda de dietas. Además, los atracones suelen producirse en secreto y no en compañía. Como consecuencia, los afectados por atracones o bulimia suelen aislarse cada vez más y descuidar sus contactos sociales. Los problemas económicos también pueden desencadenarse por los atracones recurrentes, ya que hay que comprar una cantidad de comida superior a la media. La mayoría de las personas que padecen atracones o trastorno por atracón presentan también síntomas depresivos. Esto se debe principalmente al aislamiento, que puede conducir a la soledad. Los afectados por atracones, en particular, ganan peso debido a los atracones recurrentes. Esto conduce a una baja autoestima y a un mayor sentimiento de culpa o vergüenza.

Básicamente, el trasfondo de los atracones y la bulimia se corresponde con el de la alimentación emocional, ya que los cuadros clínicos representan una forma extrema de alimentación emocional. Sin embargo, no siempre es fácil trazar una línea clara entre la alimentación emocional y los atracones o la bulimia. Es importante distinguir claramente entre los atracones y la sobrealimentación. Vivimos en una sociedad de consumo en la que la comida está disponible en abundancia. Esto significa que la mayoría de la gente a menudo ha comido en exceso porque le sabía bien y aún había suficiente comida disponible. En este caso, hablamos de comer en exceso, aunque no estamos hablando de un trastorno alimentario. La diferencia con los atracones es que las personas no experimentan placer durante un trastorno por atracón.

Sienten una presión intrínseca que les obliga a ingerir grandes cantidades de comida en un corto espacio de tiempo en contra de su voluntad. Esto va acompañado de un alto nivel de sufrimiento y la ingesta de alimentos es supuestamente involuntaria. En lugar de placer, los afectados sienten vergüenza, asco y culpa. Las personas que, por lo general, conceden gran importancia a la regulación de su peso corporal e intentan adelgazar con regularidad, también tienden a sufrir atracones. Éstos se producen como reacción a largos periodos de ayuno o a una regulación estricta de la ingesta de calorías. Si sufres atracones recurrentes y luego vomitas con regularidad, hay muchas probabilidades de que padezcas bulimia. El vómito inducido artificialmente no es en modo alguno un comportamiento saludable, ni física ni mentalmente.

Además de la angustia mental, los vómitos frecuentes suponen un alto riesgo para la salud de tu organismo. Las posibles consecuencias incluyen inflamación o desgarros en el esófago, úlceras de estómago, estreñimiento, deshidratación y arritmia cardiaca. Así que si reconoces en ti síntomas que indican bulimia, busca ayuda profesional lo antes posible. El trastorno por atracón suele ser más difícil de autodiagnosticar. Si no estás seguro de estar afectado por el trastorno por atracón, los siguientes criterios pueden ayudarte:

Para ser diagnosticado de atracón, debe producirse un atracón incontrolable de comida al menos una vez a la semana en un plazo de tres meses. Además, los episodios de atracón son incontrolables y compulsivos, de modo que la persona afectada no puede dejar de comer en el momento del episodio. Algunos afectados describen experiencias extracorpóreas en las que pueden verse a sí mismos durante un ataque de ingesta, como si lo vieran desde fuera, y se dan cuenta de que su comportamiento es patológico y poco saludable. Sin embargo, se sienten obligados a comer más y son incapaces de dejar de comer. Algunas personas que padecen el trastorno por atracón relatan situaciones en las que la enfermedad se manifiesta en forma de una voz que les insta a continuar. Esto conduce a una especie de discusión mental entre "ángeles y demonios". En casi todos los casos, los afectados reconocen que se están haciendo daño a sí mismos con su comportamiento y, sin embargo, siguen comiendo.

Además, la ingesta convulsiva va acompañada de al menos tres de los síntomas aquí enumerados.

1. La gente come aislada y sin compañía, ya que la cantidad de comida ingerida va acompañada de un fuerte sentimiento de vergüenza.

2. La comida se ingiere a un ritmo mucho mayor de lo normal.

3. Después de comer en exceso, surgen sentimientos de asco y culpa hacia uno mismo.

4. Se ingieren cantidades muy grandes de alimentos aunque no haya sensación de hambre.

5. Se come hasta que aparece una desagradable sensación de saciedad, que provoca dolor abdominal y náuseas.

El trastorno por atracón y la bulimia son trastornos mentales, por lo que suelen ir acompañados de síntomas de depresión y signos de otros trastornos.

Entre el 20 y el 30% de las personas adictas a la comida o que se dan atracones padecen también uno o más trastornos afectivos. Entre ellos están la depresión, la manía y el trastorno bipolar. Alrededor del 20% de los afectados padecen también un trastorno de ansiedad.

Los siguientes síntomas suelen acompañar a los atracones y la bulimia:

- Cansancio, pereza
- Irritabilidad
- Ansiedad, ataques de pánico
- desgana, apatía
- Trastornos del sueño
- Llanto aparentemente no provocado
- Disminución del interés sexual.

Por un lado, los atracones y la bulimia pueden darse de forma mixta, de modo que quienes los padecen muestran síntomas de ambos trastornos; por otro, ambos cuadros clínicos también pueden darse de forma concomitante en el curso de otros trastornos alimentarios, como la anorexia. En la mayoría de los casos, sin embargo, los atracones no se producen paralelamente a otros trastornos alimentarios. En estos casos, los atracones no van acompañados de otros patrones de conducta compensatorios, como vómitos deliberados o ejercicio compulsivo.

Incluso con los conocimientos teóricos sobre la alimentación emocional y los síntomas del atracón y la bulimia, a veces puede ser muy difícil juzgar si padeces uno de estos trastornos o una forma mixta.

Especialmente si tú mismo te encuentras en la situación, es difícil evaluar claramente tu propio comportamiento. Como buscar una segunda opinión es un gran paso para muchos de los afectados y a la mayoría le cuesta mucho esfuerzo, aquí tienes la oportunidad de abordar el tema tú mismo. La tarea puede parecer sencilla, pero puede ser el primer paso en una nueva dirección para ti.

Si es necesario, hazte primero las siguientes preguntas y respóndelas con sinceridad:

1. ¿Tienes regularmente episodios de atracones y sientes que no puedes parar de comer?

2. ¿Comes más rápido de lo habitual durante las crisis?

3. ¿Los episodios de atracones ocurren una o más veces por semana durante un periodo de tres meses?

4. ¿Los ataques provocan sentimientos de culpa?

5. ¿Sientes a veces odio hacia ti mismo?

6. ¿Dejas de comer cuando te sientes lleno?

7. ¿Estás contenta contigo misma y con tu cuerpo?

8. ¿Sabes distinguir entre hambre y apetito?

9. ¿Vomitas la comida que has ingerido después de un atracón?

10. ¿Compensas la ingesta elevada de calorías tomando laxantes o haciendo ejercicio en exceso?

Si tiendes a responder afirmativamente a las cinco primeras preguntas y negativamente a las siguientes, es muy probable que padezcas un trastorno por atracón. Si también respondes afirmativamente a las preguntas 9 y 10, es muy probable que padezcas bulimia.

¿Te reconoces en las descripciones anteriores y se aplican a ti varios de los síntomas mencionados? ¿El resultado del autotest habla más a favor del trastorno por atracón? Si la alimentación emocional ya ha progresado hasta el punto de convertirse en un trastorno por atracón o una adicción a los atracones, a la mayoría de los afectados les resulta muy difícil mejorar la situación por sí mismos.

Los atracones y la bulimia son más frecuentes de lo que mucha gente cree, así que no estás sola en esta situación. Por ello, puedes acudir a numerosos puntos de contacto que ofrecen opciones individualizadas para ayudarte. En primer lugar, es aconsejable que acudas a tu médico de cabecera, pues ya le conoces y tienes cierta confianza en él. Primero te examinarán físicamente para descartar cualquier causa física de la ansiedad por la comida. Luego, si es necesario, te remitirá a un especialista. Los pacientes con atracones y bulimia son tratados como pacientes hospitalizados o ambulatorios, según el grado del trastorno. Si el trastorno causa problemas físicos o psicológicos importantes, se recomienda la hospitalización. Sin embargo, también hay casos en los que el tratamiento ambulatorio es suficiente. En ambos casos, la terapia se dirige a educar a los afectados sobre el cuadro clínico.

El primer paso es reconocer tu propio comportamiento alimentario como un cuadro clínico y, de este modo, quitarte la culpa a ti mismo. Se rompen y cambian los patrones de pensamiento negativos en relación con la comida y tu propio cuerpo. El objetivo es mejorar tu relación contigo mismo y con tu aspecto y aumentar tu autoestima. Para ello, es importante llevar los hábitos alimentarios a un nivel equilibrado e integrar la actividad física en la vida cotidiana. El objetivo es llevar el IMC, o índice de masa corporal, a un nivel saludable y estable. Si estás afectado, al principio puede parecer imposible hacer este cambio en tu vida. Sin embargo, si decides someterte a terapia, tendrás a tu lado a terapeutas y nutricionistas que te guiarán paso a paso.

Anka tiene 23 años y trabaja como educadora. Sufrió un trastorno por atracón durante tres años, hasta que decidió buscar ayuda. Acudió a su médico de cabecera, que la derivó a un psicólogo. Anka empezó una terapia de hospitalización, que incluía sesiones individuales y de grupo, así como terapia de danza y pintura, clases de cocina y asesoramiento nutricional. Según Anka, desde 2018 tiene una relación sana con la comida, sin atracones. Le gusta mucho hacer ejercicio y se está formando para ser profesora de yoga. Ella misma dice que le costó bastante esfuerzo dar el paso y acudir a su médico de cabecera. Lo que siguió no fue nada fácil, pero dice que fue la mejor decisión de su vida. Sin ayuda profesional, cree que no habría podido controlar su problema. Para inspirar a otros afectados y animarles en su camino, habla abiertamente de su pasado con el trastorno por atracón en un podcast llamado *Mi vida tiene peso* y en las redes sociales.

SOBREPESO Y OBESIDAD

Como la mayoría de las personas con trastornos alimentarios emocionales consumen alimentos hipercalóricos, especialmente ricos en azúcares y grasas, suelen engordar al cabo de un tiempo. La mayoría de los afectados no se sienten cómodos con esto y quieren volver a perder peso. El remedio elegido suele ser una dieta. Existen innumerables dietas diferentes, pero muy pocas ayudan a conseguir una pérdida de peso duradera y saludable.

De hecho, ocurre lo contrario, por lo que la mayoría de las dietas acaban provocando que la persona engorde aún más. El motivo es el llamado *efecto yo-yo*. Esto significa que el cuerpo se acostumbra a ingerir muchas calorías debido a los atracones regulares. Si de repente se reduce mucho la cantidad de calorías, el porcentaje de grasa corporal también disminuye inicialmente y la persona pierde peso.

Sin embargo, una dieta siempre implica que llegará a su fin en algún momento, lo que significa que el comportamiento alimentario volverá a cambiar. Si se vuelven a consumir alimentos ricos en calorías después de la fase de dieta, esto significa que ahora el cuerpo tiene que acumular reservas de grasa para estar preparado para la siguiente "fase de hambre". Por tanto, el peso corporal primero baja y luego vuelve a subir, normalmente más que al principio de la dieta. Muchas personas afectadas viven durante años alternando las dietas con una ingesta excesiva de calorías, por lo que ganan cada vez más peso. Esto puede conducir al sobrepeso e incluso a la obesidad.

El *índice de masa corporal* (IMC) sirve de guía para comprobar si tu peso corporal está dentro de los límites normales. Calcula la relación entre tu peso corporal y tu altura, edad y sexo. El resultado es una medida que implica si tienes bajo peso, peso normal o sobrepeso. Hay muchos sitios en Internet que ofrecen una calculadora gratuita del IMC. Como no se tienen en cuenta ni la estatura ni la composición corporal individual de tejido graso y muscular , el IMC es sólo una guía aproximada. También hay que tener en cuenta que no se trata de ideales visuales de belleza o del peso corporal perfecto, sino de la salud de una persona.

El sobrepeso no es sólo una carga mental para la mayoría de las personas afectadas, sino que también puede provocar problemas de salud a nivel físico. El sobrepeso y la obesidad pueden causar diversas enfermedades secundarias, con casi todos los órganos potencialmente afectados. Entre ellas están las enfermedades metabólicas, como la diabetes tipo 2 o la gota, la artrosis, es decir, el desgaste de las articulaciones, o las enfermedades orgánicas directas, por ejemplo de los riñones, el hígado o la vesícula biliar. También pueden aparecer enfermedades graves del sistema cardiovascular, que pueden provocar fibrilación auricular, hipertensión (tensión arterial alta) o un ictus, por ejemplo.

En los hombres, la obesidad extrema puede conducir potencialmente a la infertilidad. Por término medio, ocho de cada 100 personas de peso normal desarrollarán diabetes de tipo 2, mientras que la cifra es de 22 de cada 100 para las personas con sobrepeso y de hasta 57 para las afectadas por la obesidad. Por tanto, el sobrepeso y la obesidad conllevan una reducción de la esperanza de vida a largo plazo. Además de las restricciones físicas cotidianas en cuanto a libertad de movimientos, las personas obesas sufren a menudo estigmatización, exclusión y hostilidad. Esto, a su vez, provoca un descenso aún mayor de la autoestima y un aumento del estrés. Esto aumenta el riesgo de padecer otras enfermedades mentales. En la mayoría de los casos, éstas adoptan la forma de trastornos de ansiedad y depresión. Casi todas las personas cuya obesidad se desencadena por la alimentación emocional sufren también un trastorno por atracón. Por tanto, los afectados se encuentran repetidamente en la espiral descendente de intentar combatir el estrés causado por su exceso de peso con atracones.

En Alemania, dos tercios de los hombres y aproximadamente la mitad de las mujeres tienen sobrepeso (en 2017). Hoy en día, la obesidad es un fenómeno generalizado en todo el mundo y no siempre significa automáticamente que la salud mental o física esté en peligro. Sin embargo, el aumento de peso grave suele deberse a un comportamiento alimentario emocional, es decir, a un problema a nivel emocional. Se aconseja a las personas con un sobrepeso especial o con síntomas relacionados con la obesidad que consulten periódicamente a su médico para saber si su salud física está en peligro y, en caso afirmativo, en qué medida. En muchos casos, sin embargo, los atracones y la obesidad son mutuamente dependientes, lo que significa que incluso la obesidad grave rara vez puede curarse sin algún tipo de psicoterapia. Por tanto, como ya se ha mencionado en el contexto del trastorno por atracón, es aconsejable buscar ayuda psicológica profesional también en este caso.

"Ya no me sentía saciada en absoluto. Podía comer, comer y comer. Mi cuerpo ya no me decía cuándo estaba lleno". Miriam tiene 32 años y padece obesidad desde hace mucho tiempo. Empezó a ganar peso de forma constante ya en la pubertad. Como la mayoría de las personas afectadas, intentó contrarrestarlo con diversas dietas, pero acabó en el clásico círculo vicioso de perder y ganar peso. Miriam también describe la comida como un consuelo que a veces la ha hecho más feliz.

"En algún momento me di por vencida y pensé: probablemente sólo soy una persona con sobrepeso. No se puede hacer nada al respecto". Vivió con esta convicción durante varios años, pero entonces aparecieron síntomas físicos como consecuencia del sobrepeso. Miriam sufría hipertensión y dolor en las articulaciones. Decidió cambiar. Su primer paso fue unirse a un grupo de autoayuda donde podía hablar con personas en situaciones similares.

Entonces decidió participar en el llamado *concepto multimodal.* Esta terapia combina ejercicio y deporte con terapia nutricional y apoyo psicológico. El objetivo del programa es reducir el peso corporal y cambiar a un estilo de vida más saludable. El programa ayudó a Miriam a perder peso y cambiar su estilo de vida, pero sabía que no podría mantener a largo plazo un enfoque tan disciplinado de su vida cotidiana. Tras muchas consultas, finalmente decidió someterse a una operación para reducir el tamaño de su estómago. Una intervención de este tipo conlleva muchos riesgos y no debe realizarse a la ligera, pero fue la mejor decisión para Miriam. Ha conseguido reducir 50 kilos su peso corporal y llevarlo a un nivel saludable. También ha vuelto a aprender lo que significa tener hambre y estar saciada. Miriam dice que "la cabeza no se opera tan bien". Además de los cuidados postoperatorios físicos, los psicológicos también son muy importantes durante la operación, ya que los trastornos alimentarios son principalmente una enfermedad mental. Miriam subraya lo importante que es ser proactivo a la hora de enfrentarse a la obesidad y perder peso, y querer cambiar algo.

El grupo de autoayuda fue un gran apoyo para ella en este viaje y todavía hoy mantiene una estrecha amistad con la gente de allí. Miriam ha conseguido que su estilo de vida sea más sano. Ha perdido peso, hace ejercicio con regularidad y pasa mucho tiempo al aire libre. Su confianza en sí misma también ha aumentado significativamente y mentalmente se siente más exuberante y estable que nunca.

ANOREXIA

Los trastornos alimentarios tienen muchas caras diferentes, por lo que el comportamiento alimentario emocional también puede ir en dirección opuesta a los atracones y la obesidad. Si la persona afectada restringe severamente su ingesta de alimentos durante un periodo de tiempo prolongado, suele producirse una enorme pérdida de peso. El diagnóstico es entonces anorexia. Los enfermos de anorexia también tienen un problema emocional detrás de sus hábitos alimentarios compulsivos, por lo que el trasfondo es similar al del trastorno por atracón y la bulimia mencionados anteriormente.

Los enfermos de anorexia restringen masivamente la ingesta de alimentos porque quieren mantener la sensación de hambre en todo momento. El objetivo es consumir la menor cantidad posible de alimentos. Esto suele ir acompañado de un recuento compulsivo de calorías y de ejercicio excesivo para estimular aún más el consumo de calorías. En este proceso, la percepción del propio cuerpo se distorsiona cada vez más. El resultado es una enorme falta de peso y, en casos extremos, la muerte. Los afectados sienten la misma culpa y remordimiento de conciencia después de comer que los bulímicos después de un atracón. La diferencia es que los anoréxicos experimentan este sentimiento después de casi todas las comidas, incluso con alimentos bajos en calorías y raciones pequeñas. La anorexia también es un trastorno mental y los síntomas que la acompañan se corresponden con los de otros trastornos alimentarios. Por lo tanto, las anoréxicas suelen presentar también síntomas de depresión, ansiedad y trastornos del sueño, y se aíslan de los contactos sociales.

La alimentación emocional es el consumo de alimentos por motivos emocionales, por lo que la anorexia no encaja directamente en el cuadro. Sin embargo, el "no comer" emocional típico de la anorexia también es un tipo de conducta alimentaria emocional. Además, los principales síntomas de todos los trastornos alimentarios derivados de la alimentación emocional son la pérdida de control y la compulsión. En algunos casos, los atracones se convierten con el tiempo en anorexia y viceversa. En el fondo, se trata de un comportamiento alimentario compulsivo en sentido extremo, es decir, mucho o poco. Algunos afectados van y vienen entre estas distintas formas de trastornos alimentarios durante años, por lo que sufren graves fluctuaciones de peso y un alto nivel de estrés psicológico.

Contrarrestar la alimentación emocional: programas de autoayuda para casa

¿Te has dado cuenta de que sueles comer más de lo habitual cuando estás estresado y te gustaría tomar medidas contra tu alimentación emocional? Aquí tienes algunos métodos que puedes utilizar en casa para cambiar tu comportamiento alimentario. Mark Twain dijo: "No puedes tirar un hábito por la ventana; tienes que engatusarlo para que baje las escaleras paso a paso". Esta imagen también puede aplicarse a la alimentación emocional. Los humanos somos criaturas de hábitos y nos lleva tiempo cambiar, lo cual es completamente natural. Así que no te desanimes si cambiar tu conducta alimentaria te lleva más tiempo del que pensabas inicialmente. Lo principal es alcanzar tu objetivo, la velocidad no importa. Con un poco de paciencia y disciplina, seguro que lo consigues.

LA FÓRMULA P.A.U.S.E.

Se necesita una estructura clara para cambiar a largo plazo comportamientos profundamente arraigados y automáticos. Un enfoque en el que puedas trabajar a través de etapas individuales facilita el proceso de cambio. El entrenador físico Mark Maslow ha desarrollado la llamada fórmula P.A.U.S.E basándose en esta constatación.

Consta de cinco pasos:

1. Haz que tus hábitos alimentarios sean PRESENTES.
2. ATENCIÓN a los desencadenantes.
3. INTERRUMPLE las pautas de comportamiento negativas.
4. SUSTITUYE la alimentación emocional por una alternativa.

5. ETABLIZA nuevos patrones de pensamiento.

A continuación se describe cada uno de estos pasos para que sepas exactamente cuál es la mejor forma de proceder.

1. Hazte consciente de tus hábitos alimentarios. Uno de los mayores obstáculos del comportamiento alimentario emocional es que tiene lugar a nivel subconsciente. Por regla general, simplemente comes sin cuestionarte qué estás comiendo y por qué. En este caso, comer por frustración es un patrón de comportamiento subconsciente.

Esto significa que tu cerebro ha establecido un programa según el cual actúas automáticamente en la situación correspondiente. Este programa es, por ejemplo, *"Si estás estresado, come chocolate".* Para poder cambiar las cosas, primero debes llevarlas al nivel consciente.

Hay varias formas de ser más consciente de tu comportamiento alimentario.

En primer lugar, es aconsejable que te dediques realmente a comer mientras comes. Esto significa dejar la televisión apagada y comer tranquilamente. Tómate el tiempo que necesites y evita comer sobre la marcha o entre horas. Esto te ayudará a volver a escuchar a tu cuerpo y a intensificar la experiencia del sabor. También tienes la opción de llevar un diario de alimentos en el que anotes todo lo que comes a lo largo del día. Leer en blanco y negro lo que realmente comes ayuda a muchas personas a ser más conscientes de su comportamiento alimentario. Varias aplicaciones para tu smartphone pueden facilitarte este proceso.

2. Presta atención a tus desencadenantes. Comer emocionalmente puede parecer aleatorio al principio, pero siempre hay un desencadenante en el fondo. Los desencadenantes son completamente naturales, todos los tenemos, y para algunas personas, ciertos desencadenantes son la causa principal del comer emocional. Estos desencadenantes emocionales suelen pertenecer a una de las cuatro categorías siguientes: Sentimientos, Lugares, Personas y Acontecimientos.

Llegados a este punto, hazte la siguiente pregunta: ¿Dónde está tu "botón" para el comportamiento alimentario emocional? La siguiente lista contiene los desencadenantes más comunes a nivel emocional para comer emocionalmente. Repasa la lista y anota los puntos que sean relevantes para ti. Si es necesario, puedes añadir más factores.

- Frustración

- Soledad

- Ira

- Tristeza

- Sobrecarga

- Preocupaciones financieras

- Cansancio

- Sobrecarga

- Sentirse inútil

- No sentirse querido/aceptado.

Sin embargo, la alimentación emocional o los atracones también pueden desencadenarse por determinadas situaciones o lugares. Echa un vistazo a los siguientes ejemplos y analiza si algunos de ellos se aplican a tu caso.

- Buffets

- Comer en un lugar concreto (cocina, oficina, en casa de un amigo, etc.)

- Un día de la semana/hora concreta del mes

- Televisión

- Te cocinaremos.

- Estás cocinando para otra persona.

- La vista/olor de la comida

- Un alimento específico.

¿Te has reconocido en algunos de los desencadenantes o has pensado en otros? Ahora marca los de tu lista que te resulten especialmente difíciles de controlar. Éstas son tus "obras" a las que debes prestar especial atención. Ahora hay varias formas de evitar y trabajar en torno a tus desencadenantes.

El truco más sencillo es prohibir ciertos alimentos en tu casa. La mayoría de las personas propensas a comer emocionalmente se sienten provocadas por tentempiés como galletas, chocolate y patatas fritas. La regla es sencilla: si no está, no se puede comer. En algunos casos, basta con mantener el alimento en cuestión fuera de la vista. Los contactos sociales también pueden llevar a comer emocionalmente. Es aconsejable implicar a tu círculo más cercano, es decir, amigos y familiares. Explícales tu situación para que puedan apoyarte adecuadamente. Si te acercas a una interacción social que alberga el potencial de comer en exceso o de comer emocionalmente, es mejor que pienses en una estrategia de antemano. Anota las situaciones con otras personas en las que sueles perder el control de tu conducta alimentaria. Luego piensa en un guión fijo para cada una de estas situaciones, según el cual actuarás.

Aquí tienes algunas preguntas que pueden ayudarte:
¿Cómo puedo ver la situación desde una perspectiva diferente?
¿Qué ventaja tiene la situación para mí?
¿Qué puedo aprender de la situación?
¿Qué nuevo significado puedo dar a la situación?

3. Interrumpe tus pautas de comportamiento negativas. Con la ayuda de los pasos 1 y 2, has aprendido a practicar la atención plena y a estar más atento cuando comes. Utiliza esta nueva conciencia no sólo para reconocer tus pautas negativas de comportamiento, sino para interrumpirlas a tiempo. Si reconoces el impulso al que normalmente cedes automáticamente, ya habrás conseguido mucho. Éste es el momento en que tomas

una decisión. Toma la decisión de hacerlo de forma diferente esta vez.

Tómate este momento para hacer una pausa y plantearte las siguientes preguntas:

¿Quiero comer porque tengo hambre?

Si no es una sensación física de hambre, ¿por qué pienso ahora en comida?

¿Cuáles serían las consecuencias si cediera a mi impulso de comer?

¿Cuál sería la ventaja de contrarrestar mi impulso de comer?

Estas preguntas te facilitarán centrarte en lo esencial a la hora de tomar una decisión. Date cuenta de que no te sentirás mejor después de comer. La sensación negativa que experimentas actualmente no desaparecerá después de comer.

4. Sustituye la alimentación emocional por una alternativa más sana. Si tienes ganas de comer aunque no tengas hambre física, hay una emoción detrás. Pregúntate de qué "tienes hambre" realmente y piensa cómo puedes satisfacerla. Como las emociones humanas son muy individuales, las posibilidades de satisfacciones alternativas también varían. A muchos afectados les ayuda hablar de su problema con una persona de confianza. Así que busca a alguien con quien puedas hablar abiertamente y entabla un diálogo. Puede parecer muy sencillo, pero este método puede hacer maravillas y mucha gente lo subestima.

Otras formas de contrarrestar las situaciones estresantes y, por tanto, la alimentación emocional, son la meditación y los ejercicios de respiración. Éstos te ayudan a liberar gradualmente el estrés acumulado y a recuperar la concentración. El sexo o la masturbación también pueden servir como satisfacción distractora para evitar comer emocionalmente. Para muchas personas que suelen estar muy enfadadas y alteradas, el deporte es el método elegido. Salir a correr o hacer ejercicio en el gimnasio es mucho más sano que comer tentempiés hipercalóricos y puede proporcionar una satisfacción similar. Si no se te ocurre un sustituto adecuado, a veces la distracción es una estrategia mejor. Por ejemplo, sal a dar un paseo o dedícate a otra afición de tu elección, como la pintura, la música o similares.

5. Establece nuevos patrones de pensamiento. Superar estos patrones de pensamiento invisibles que funcionan constantemente en segundo plano suele ser el quid de la superación de la conducta alimentaria emocional. En cuanto los hayas cambiado y sobrescrito con otros nuevos, también podrás introducir cambios duraderos en tu conducta alimentaria. Una vez que hayas interiorizado determinadas afirmaciones, actuarás automáticamente de la manera que sea mejor para tu mente y tu cuerpo.

Esto te ayudará a evitar la alimentación emocional sin el uso selectivo de la fuerza de voluntad. A continuación encontrarás cuatro afirmaciones diferentes que te ayudarán a iniciar el proceso de replanteamiento. Los patrones de pensamiento son muy personales y puedes adaptarlos a tus necesidades en cualquier momento.

1. Los alimentos son un material de construcción.
Los alimentos sirven como material de construcción para mi cuerpo. Cuando como, le doy a mi cuerpo los materiales que forman mis células. Así que soy lo que como.

2. La comida es combustible.
La energía de que dispongo depende de la calidad del combustible. Yo me abastezco de él en forma de alimentos.

3. Los alimentos son nutrientes.
Los alimentos ricos en nutrientes mantienen mi cuerpo en buen estado de salud.

4. Comer mantiene el metabolismo en marcha.
Un consumo regular de alimentos ricos en nutrientes mantiene mi metabolismo en marcha y vivo mejor.

Estas afirmaciones pretenden hacerte consciente de para qué sirve realmente la comida. En nuestra sociedad de consumo, en la que la comida está disponible en abundancia, muchas personas pierden de vista el hecho de que la comida es, ante todo, una fuente de nutrientes para el cuerpo. Con esta conciencia, es más fácil alejarse de la alimentación emocional, porque básicamente la comida y las emociones tienen poco que ver. Ahora es importante no sólo leer estos guiones, sino también establecerlos en tu subconsciente. Aquí tienes varias opciones.

Es aconsejable escribir la afirmación que hayas elegido y colocarla en algún lugar donde puedas verla y leerla con regularidad, por ejemplo, en el espejo del baño. Otro método eficaz es la visualización. Cierra los ojos e imagina cómo reaccionarías en una situación determinada. También es útil decir regularmente las creencias en voz alta. Esto te permite percibirlas en todos los niveles de conciencia e interiorizarlas mejor. Una cierta estructura, una especie de ritual, también es útil en este caso. Por ejemplo, puedes dedicar cinco minutos cada mañana después de levantarte y cada noche después de acostarte a decir las afirmaciones. Considéralo como un entrenamiento regular, porque igual que puedes entrenar tu cuerpo, también puedes entrenar tu mente.

Hay que señalar aquí que es completamente normal comer en exceso de vez en cuando o recurrir a tentempiés supuestamente poco saludables.

El secreto está en hacerlo con plena conciencia y sin remordimientos de conciencia. Comer puede ser divertido. Comer puede ser un placer. Lo importante es encontrar un equilibrio saludable.

DEPORTE Y EJERCICIO

Muchas personas asocian automáticamente el deporte con la pérdida de peso. Varias dietas, un comportamiento alimentario disciplinado, tener que obligarse a hacer ejercicio y, sin embargo, no conseguir perder peso a largo plazo: muchas personas se encuentran en esta situación. Por tanto, el deporte se ve como un medio para conseguir un fin, una obligación molesta, a menudo acompañada del pensamiento *"De todas formas, no sirve de nada"*.

Sí, si quieres reducir tu peso corporal, debes asegurarte de hacer suficiente ejercicio y practicar deporte, pero las sesiones regulares de ejercicio pueden hacer mucho más. Diversos estudios han demostrado que el deporte contribuye al bienestar mental. Cuando el cuerpo se mueve, el cerebro está mejor irrigado de sangre y, entre otras cosas, se liberan serotonina, dopamina y endorfinas. Estas hormonas ayudan a reducir el estrés y la ansiedad. Por tanto, el deporte tiene un efecto positivo sobre el estado de ánimo, mejora el rendimiento mental e inhibe la percepción del dolor. Por tanto, el ejercicio se utiliza con éxito para combatir enfermedades mentales como la depresión, los trastornos de ansiedad y el agotamiento.

Lara Mosch es una paciente con ansiedad que se entrena tres veces por semana como parte de un programa dirigido por el departamento de psiquiatría del hospital Charité de Berlín. "En realidad, siempre tienes un nivel constante de tensión cuando estás ansioso. En el momento en que haces un esfuerzo y la tensión disminuye, te sientes relajado, como un músculo relajado", dice el paciente, describiendo el efecto del entrenamiento. En este sentido, el ejercicio también puede ayudar contra la alimentación emocional. Como los efectos físicos también repercuten en tu psique, el ejercicio regular eleva tu estado de ánimo. Como resultado, a largo plazo estarás menos estresado y frustrado y será menos probable que sientas el impulso de recurrir a la comida como satisfacción sustitutiva.

Así que date cuenta de que el deporte es bueno para ti en su conjunto y no debe tener como único objetivo la reducción de peso . Aquí también puedes trabajar con afirmaciones. Cambia tu patrón de pensamiento negativo en relación con el deporte e intenta dar una nueva perspectiva a una sesión regular de ejercicio. El deporte no tiene por qué ser desagradable, el deporte puede ser divertido. Pregúntate qué aspectos del deporte te molestan y piensa en cómo puedes cambiarlos. Cada cuerpo es diferente y no todos los tipos de deporte se adaptan a todas las personas. No tienes por qué obligarte a hacer footing tres veces por semana si no le ves ningún valor añadido. Tal vez te gusten más los movimientos de baile, así que Zumba podría ser una opción para ti. O tal vez te gustaría relajarte más mientras haces ejercicio y armonizar cuerpo y mente: entonces deberías probar sin duda una clase de yoga.

El deporte no siempre tiene que planificarse específicamente como un entrenamiento; puedes incorporar cierta cantidad de actividad física a tu vida cotidiana. Por ejemplo, coge más a menudo la bici en vez del coche o el tren y sube las escaleras en vez de coger las mecánicas. No hace falta estar inscrito en un gimnasio para ser deportista. La oferta de diferentes deportes es enorme y sin duda hay algo para todos. Sí, se puede hacer deporte en forma de work-outs o en la cinta de correr, pero hay muchos otros deportes, como la escalada, el patinaje o el tenis de mesa, que proporcionan un sano equilibrio de ejercicio para el cuerpo y la mente. ¿Qué te apetece?

Otro aspecto es el contacto social. Si haces deporte regularmente con otras personas, esta interacción social regular también puede tener un efecto positivo en tu estado de ánimo. También es beneficioso tanto para el cuerpo como para la mente practicar deporte al aire libre y en la naturaleza. Piensa con qué te diviertes, cuáles son tus objetivos y qué tipo de deporte se adapta mejor a ti. No te compares con los demás, porque cada cuerpo tiene necesidades diferentes y lo importante para ti es lo que es bueno para tu propio cuerpo.

¿Cómo me comporto como familiar?

La situación también es un reto para los familiares de los afectados por la conducta alimentaria emocional. Especialmente cuando la alimentación emocional se convierte en un trastorno alimentario, los familiares a menudo no saben cuál es la mejor manera de comportarse. Cada persona y cada evolución de la enfermedad son diferentes, por lo que no es posible dar aquí reglas generalizadas. Sin embargo, hay algunos consejos que pueden facilitar el trato con los afectados. En primer lugar, a menudo no es tan fácil reconocer el comportamiento alimentario emocional en otra persona.

¿Tienes a alguien en tu círculo cercano que crees que tiene un comportamiento alimentario llamativo? ¿Pero no estás seguro de si tu preocupación está justificada? La siguiente lista contiene comportamientos que pueden ser signos de alimentación emocional y, en casos extremos, de un trastorno alimentario.

Repásalos y observa si muchos de los síntomas coinciden con el comportamiento de la persona en cuestión.

- Todo gira en torno a la comida, a menudo en combinación con el tema de perder peso.
- Las dietas se organizan regularmente.
- La ingesta de alimentos se controla de modo que, por ejemplo, se coma siempre a la misma hora.
- Los alimentos se clasifican en "buenos" y "malos".
- Se suelen utilizar excusas para saltarse las comidas.
- La comida desaparece de la nevera.

- Hay envases de comida vacíos por todas partes.
- Se pesan con mucha frecuencia para controlar su peso.
- La gente suele ir al baño después de comer.

Nota: Los ruidos del vómito no siempre son claramente audibles, ya que a menudo quedan ahogados por la cisterna o el grifo.

- Pueden observarse cambios visibles en el peso (disminución, aumento, fluctuaciones de peso).
- Los rasgos depresivos se hacen evidentes.

¿Se dan muchos de los comportamientos anteriores y sospechas firmemente que la persona en cuestión padece alimentación emocional? Esta situación no es fácil para los familiares, independientemente de que se trate de la pareja, un hijo, un hermano o un buen amigo. Por tanto, es totalmente comprensible que no estés seguro de si debes buscar el diálogo y cómo hacerlo.

Sólo tú puedes decidir cómo actuar en última instancia, pero se recomienda una conversación abierta en la mayoría de las situaciones. Es importante que te informes detalladamente sobre el tema de la alimentación emocional con antelación. Esto te permitirá abordar la conversación con información y preguntas específicas. Además, con un conocimiento previo suficiente, tendrás la mejor oportunidad de hacer sugerencias constructivas que puedan ayudar a la persona. Por ejemplo, averigua las direcciones de los centros de asesoramiento o de los médicos y ofrécete como acompañante. Si decides hablar con ellos, elige un momento tranquilo y sé amable. Habla superficialmente sobre tus propias percepciones y envía mensajes de ego.

¿Qué cambios has notado en la persona? ¿Qué comportamiento te preocupa? ¿Por qué tienes la impresión de que la persona no está bien? Haz hincapié en que te preocupa el estado mental de la persona e intenta no centrarte demasiado en el peso y la dieta.

Dale a la persona la oportunidad de hablar sobre algo que le preocupe en ese momento. Tal vez puedas presentarle el tema que desencadena la conducta alimentaria conspicua. También es muy importante que no hagas acusaciones. Dale a la persona la sensación de que no está sola y de que tiene un confidente en ti. No hagas demasiadas preguntas íntimas, limítate a los mensajes en primera persona. Si la persona afectada necesita hablar y quiere compartir sus sentimientos contigo, lo hará por sí misma. Además, los afectados suelen sentirse reducidos a su llamativo comportamiento alimentario o a su peso, por lo que es importante hablar también de otras cosas cotidianas. Puedes motivar a la persona afectada para que busque ayuda psicológica. Sin embargo, aceptar ayuda es muy difícil para muchas personas y no puede forzarse desde fuera.

Así que no ejerzas ninguna presión en este sentido, sino simplemente ofrécelo como una opción y ten paciencia.

No te lo tomes como algo personal si la persona reacciona enfadada o dolida y niega el comportamiento alimentario emocional. En este caso, dicha reacción forma parte de los síntomas y no tiene nada que ver contigo. Reconocer por ti mismo que padeces alimentación emocional o un trastorno alimentario suele ser un proceso y lleva su tiempo. Así que sigue siendo paciente y cariñoso.

Si hay un trastorno alimentario agudo y temes un peligro físico, como familiar debes insistir en una visita al médico. Es probable que la persona afectada reaccione negativamente y no considere necesaria una exploración física, ya que las personas que sufren un trastorno alimentario suelen haber perdido el sentido de su propio cuerpo. Por tanto, ya no están en condiciones de evaluar la situación adecuadamente.

También debes ser consciente de antemano de que no puedes obligar a nadie a buscar ayuda. Sólo puedes dar un impulso en la dirección correcta y motivar a la persona, pero ella misma debe estar dispuesta a aceptar ayuda externa. También debes darte cuenta de que no puedes ni debes sustituir a un terapeuta. En casos agudos, deja el tratamiento en manos de un experto y estate allí para proporcionar apoyo emocional durante el proceso. Si la situación te parece demasiado estresante, como familiar también tienes la opción de buscar apoyo profesional en forma de terapia.

En general, deben evitarse los comentarios relacionados con la figura, el peso y la comida. Para la persona afectada, son temas muy delicados que pueden desencadenar diversos sentimientos y pautas de comportamiento.

Dependiendo de tu relación con la persona afectada, mantén un contacto regular con ella. Las personas afectadas por la alimentación emocional suelen retraerse y reducir las interacciones sociales. También les cuesta admitir que necesitan ayuda. Manteniendo un contacto regular, puedes demostrar que estás ahí para la persona y quizá puedas distraerla un poco temporalmente. Muéstrale que hay otras cosas aparte de cuestiones como la comida y el peso.

Palabras finales

Comer emocionalmente es un fenómeno muy extendido y, en muchos casos, conlleva un alto nivel de angustia para los afectados. Así que no te tomes a la ligera el comportamiento alimentario conspicuo y admite ante ti mismo si el problema se te está yendo de las manos. No estás solo y existen numerosas formas de cambiar tu comportamiento alimentario.

Habla con una persona de confianza e intenta introducir más mindfulness en tu vida cotidiana. ¿Por qué comes qué y cuándo? Date cuenta de que la ingesta de alimentos es, ante todo, una fuente de energía para nuestro cuerpo. Entonces, ¿por qué comes cuando en realidad no sientes hambre física? Reconoce los patrones de pensamiento que te llevan a comer emocionalmente y anúlalos. Encuentra un deporte que no sólo sea bueno para ti a nivel físico, sino que también te guste. Utiliza trucos y métodos como la fórmula P.A.U.S.E. y descubre qué es lo que más te ayuda.

¿Tu comportamiento alimentario conspicuo se ha convertido ya en un trastorno alimentario? ¿Has perdido el control de tu dieta y tu peso? Entonces busca ayuda profesional. Ponte en contacto con centros de asesoramiento, grupos de autoayuda o con tu médico de familia. Por difícil que sea este paso y por mucho esfuerzo que te cueste, no estás solo en tu situación y no tienes por qué sufrir. Hay ayuda para todos.

Actúa, porque sólo tú tienes el poder de cambiar las cosas.